AF522105

इंद्रधनुष

डॉ. मृदुला गुप्ता

प्र प्रभात प्रकाशन प्रा. लि.

अनुक्रम

मेरा घर

मेरा घर है प्यारा घर,
जग में है सबसे सुंदर।
इसमें रंगीन हैं दीवारें,
खिड़की-दरवाजे सारे।

देखो मेरी प्यारी माँ,
मेरा जग माँ में बसता।
प्यारे-प्यारे पापा भी हैं,
इनसे घर रोशन रहता।

सुंदर सी बहना है मेरी,
कितनी ज्यादा चंचल है।
घर में पूरी चहल-पहल है,
और खुशी का हर पल है।

मेरे अम्मा-बाबा मुझको,
अपने साथ खिलाते हैं।
उनके साथ घूमने जाता,
फिर वो रोज पढ़ाते हैं।

इन सबसे ही मेरे घर में,
हरदम ही रौनक होती।
घर मानो एक माला है,
सब इस माला के मोती।

बाल-मन

बच्चे होते दिल के सच्चे,
फूलों जैसा कोमल तन।
कपट नहीं होता है इनमें,
भोली है इनकी चितवन।

मिलकर साथ खेलते हैं,
प्यार भरा इनमें भरपूर।
एक पल में झगड़ा होता,
अगले पल हो जाता दूर।

बच्चों से घर होता रोशन,
इनसे ही आती है बहार।
इनकी चहल-पहल से ही
घर पूरा होता गुलजार।

बच्चों का मन कोमल है,
इस पर नहीं करो प्रहार।
इनसे जोर से कभी न बोलो,
इनके लिए बनो दिलदार।

ये समझें प्यार की भाषा,
क्रोध-द्वेष ये क्या जानें।
हम ही इन्हें सिखाते सब,
हम जो कहें, वही ये मानें।

उपवन

कितना सुंदर है ये उपवन,
देख-देख खुश होता है मन।
फूल खिले हैं क्यारी-क्यारी,
खुशबू भी है कितनी प्यारी।

रंग-बिरंगी तितली आती,
फूल-फूल पर है मँडराती।
भँवरे गुनगुन करते रहते,
हम बच्चे इनसे हैं डरते ।

चिड़ियाँ भी हैं चहचहाती,
सबको मीठा गान सुनातीं।
हम सब बच्चे हँसते-गाते,
रोज खेलने यहाँ ही आते।

तोता

हरे रंग का तोता है,
चोंच इसकी लाल है।
सबकी नकल करता है,
बहुत ही वाचाल है।

खाता है ये हरी मिर्च ,
और खाता है अनार।
अगर पिंजरे में है बंद,
उसे ठोकता बार-बार।

आजादी चाहिए मुझे,
नहीं होना चाहता बंद।
आसमान में उड़ना है,
फैलाकर अपने ये पंख।

पिंजरे से निकलकर,
खुली हवा में जाऊँगा।
साथियों से मिलूँगा,
साथ में उड़ जाऊँगा।

पंछी

आसमान में उड़ते पंछी
बाँध रहे हैं एक कतार,
कितना अनुशासन है इनमें
हम भी सीखें बारंबार।

साथ-साथ रहने की शिक्षा
मिलती है इनसे हमको,
करें परिश्रम रात-दिवस ही
सीख दे रहे हैं सबको।

तिनका जोड़-जोड़कर ये
अपने घर को बनाते हैं,
बड़े प्यार से बच्चों को फिर
दाना लाकर खिलाते हैं।

बरगद

यह पुराना पेड़ है बरगद,
ऊँचा बहुत है इसका कद।
बड़ी-बड़ी डालियाँ इसकी,
जड़ें भी नीचे तक लटकीं।

इसके नीचे बहुत है छाया
बच्चों के मन को है भाया।
सभी यहाँ हैं खेलने आते,
कुछ तो पेड़ पर चढ़ जाते।

देता है ये सबको आसरा,
बारिश से रहता हरा-भरा।
बरसों से तो अडिग खड़ा है,
तेज धूप सहकर ही बढ़ा है।

मेरी बिल्ली

मेरी बिल्ली म्याऊँ करती,
अकसर दबे पाँव है चलती।
चूहा देख भागकर जाती,
पर उसको पकड़ न पाती।

फिर वह परेशान है होती,
मेरे पास भागकर आती।
उसको दूध–मलाई देती,
जिसे बड़े शौक से खाती।

इधर–उधर भागती फिरती,
कुत्ता देख सदा डर जाती।
कमरे में दौड़कर आती,
मेरे दिल को है बहलाती।

चूहों की महफिल

चूहा उठकर महफिल से,
यों बोला हाथ नचाकर।
चाँद देश को जाऊँगा,
मैं रॉकेट एक बनाकर।

चूहेजी की बात सुनी तो,
जोश सभा में छाया।
ढोल–नगाड़े लगे बजाने,
अच्छा रंग जमाया।

तभी सुनाई पड़ी दूर से,
म्याऊँ की आवाज।
चूहे सारे भाग चले तब,
छोड़ वहीं सब साज।

चंदा मामा

मामा चंदा प्यारे चंदा,
तुम पृथ्वी पर भी आ जाओ।
मीठे-मीठे गीत सुनाकर,
तुम बच्चों का मन बहलाओ।

सुनते हैं चंदा के ऊपर,
बुढ़िया बैठी चरखा काते।
या फिर सुंदर खरहे प्यारे,
उछल-उछलकर शोर मचाते।

किंतु एक ही परी कल्पना,
याद मुझे आ जाती है।
बच्चों के सपनों में आकर,
उनका दिल बहलाती है।

इसलिए हे चंदा प्यारे,
झटपट पृथ्वी पर आ जाओ।
यदि असंभव है ऐसा तो,
परियों को तुरंत भिजवाओ।

सूरज चाचा

सूरज चाचा रोज सवेरे,
हमसे मिलने आते।
सारे दिन रह साथ हमारे,
शाम पड़े घर जाते।

गरमी हमको उनसे मिलती,
वे ही हमें रोशनी देते।
उसके बदले कभी नहीं वे,
हमसे कुछ भी लेते।

बागों में भी फूल खिलाते,
उनको जीवन देकर।
सारे पेड़ हरे हो जाते,
उनसे गरमी लेकर।

तारे

रात हुई और चमके तारे,
झिलमिल करते रहते सारे।
आसमान में आँखमिचौनी,
करते कितने लगते प्यारे।

मानो नभ हो काली चादर,
उस पर जड़े हुए हों हीरे।
मन करता है इन्हें निकालूँ,
ले आऊँ मैं सबको नीचे।

फिर आते हैं चंदा मामा,
सबको वे हैं खेल खिलाते।
जब आ जाते सूरज चाचा,
उन्हें देखकर सब छुप जाते।

इंद्रधनुष

इंद्रधनुष है आसमान में,
मानो सात रंगों की माला।
किसने इसको रंग दिए हैं,
किसने इसको ऊपर डाला।

बैंगनी-आसमानी नीला,
उसके बाद हरा और पीला।
फिर होता नारंगी-लाल,
इसकी है सतरंगी चाल।

जब बादल नभ में आते हैं,
रिमझिम पानी बरसाते हैं।
जब भी बारिश थम जाती,
और सूर्य की आभा आती।

कभी-कभी तब नीले नभ में,
एक कमान रंगों से भरके।
इंद्रधनुष की छटा बिखरती,
सबके ही मन को वो हरती।

बादल

आसमान में काले बादल,
घुमड़-घुमड़कर आते हैं।
गरज-गरजकर हमें डराते,
फिर पानी बरसाते हैं।

सूखी धरती, प्यासी धरती,
पानी को जब है तरसती।
तब ये बादल पानी लाते,
गरमी से है जब वो तपती।

गरमी से जब सब बेहाल,
सबका होता बुरा हाल।
बादल आते जल लेकर,
ठंडक देकर बनते ढाल।

बारिश

आसमान से आग बरसती,
और धूप से तपती धरती।
तब बारिश का मौसम आता,
गरमी को फिर दूर भगाता।

मोर नाचते करते शोर,
बादल आते हैं घनघोर।
रिमझिम पानी बरसाते हैं,
सबको ठंडक पहुँचाते हैं।

हम बारिश में खूब नहाते,
उसमें सब ही दौड़ लगाते।
फिर पानी के गड्ढे बनते,
उनमें कूद छपाछप करते।

मजा बहुत है बारिश में,
पर अपना भी ध्यान रखो।
घर में जाकर और नहाकर,
जल्दी से फिर कपड़े पहनो।

झरना

दूर पहाड़ों से चलकर,
नीचे गिरता आता है।
कलकल बहता है झरना,
लंबी दौड़ लगाता है।

पर्वतों के बीच-बीच से,
जब धारा नीचे आती।
ठंडे-ठंडे झरने से फिर,
नदियाँ ही वो बन जातीं।

सुंदर झरने को देखने,
लोग दूर-दूर से आते।
इसके शीतल जल में वे,
खूब नहाते, खुश हो जाते।

मधुर ध्वनि झरने की तो,
मन को लगती बड़ी भली।
यहीं मनाएँ आज सभी हम,
पिकनिक की है बात चली।

नदी

पर्वतों से बहकर पानी,
जब नीचे आ जाता है।
बहते-बहते सारा ही जल,
एक जगह भर जाता है।

धीरे-धीरे नदियों में वह,
परिवर्तित हो जाता है।
आगे जाकर यह पानी,
भागों में बँट जाता है।

ऐसे ही नदियाँ बनती हैं,
सीधी चलती जाती हैं।
अलग राह बनाती जातीं,
अलग नाम भी पाती हैं।

गंगा-यमुना और ब्रह्मपुत्र,
सतलुज-चंबल-कावेरी।
नर्मदा-सिंधु व्यास-झेलम,
चिनाब -कृष्णा-गोदावरी।

सारी नदिया चलती जाती,
सबकी एक ही है मंजिल।
अपनी यात्रा पूरी करके,
समुद्र में वे जाती हैं मिल।

सरोवर

जल से भरा सरोवर है,
इसका पानी है निर्मल।
तैर रही हैं बतखें इसमें,
पीते हैं सब इसका जल।

जब भी बारिश होती है,
यह पानी से भर जाता है।
बच्चे मस्ती करते रहते,
सबके काम ही आता है।

जल ही जीवन है हमारा,
इसको करें नहीं बर्बाद।
पानी की है हमें जरूरत,
इसे सदा रखो तुम याद।

समुंदर

समुंदर होता इतना बड़ा ,
दिखती नहीं कोई थाह।
दूर तक पानी-ही-पानी,
रुकता इसका नहीं प्रवाह।

मछलियों का घर है ये,
जल के अंदर पौधे होते।
लोग किनारे पर बैठते,
कुछ इसमें लगाते गोते।

इसका पानी खारा होता,
इसको पी सकते नहीं।
जहाज भी इसमें चलते हैं,
जिनमें जा सकते हैं कहीं।

दूर देश जाने को कहते,
वे तो गए समुंदर पार।
जाने लौटके कब आएँगे,
करना होगा इंतजार।

हिमालय

हिमालय सबसे ऊँचा है,
कहलाता है पर्वतराज।
रक्षा करता हम सबकी,
यह हमारे देश का ताज।

ऊँची-ऊँची ये पहाड़ियाँ,
श्वेत बर्फ से ढक जातीं।
जब भी ये पिघलती हैं,
तो झरने में बदल जातीं।

हिमालय जैसे हों मजबूत,
खड़े रहें हम सीना तान।
कोई भी मुश्किल आए,
या आए कोई तूफान।

घोड़ा

हम हैं घोड़े पर सवार,
आगे जाने को तैयार।
ये चलता है तेज चाल,
इसकी ऊँची है उछाल।

पहाड़ों में भी जाता है,
हवा से बातें करता है।
कर जाता नदी को पार,
मानता नहीं कभी ये हार।

सरपट-सरपट ये दौड़े ,
सबको ही पीछे छोड़े ।
मजा बहुत ही आता है,
फिर ये घर ले आता है।

हाथी

हाथी आया-हाथी आया ,
सूँड़ हिलाता हाथी आया।
नदी किनारे गया और वह,
सूँड़ में पानी भर लाया।

बच्चे खेल रहे थे सारे,
देख रहे थे ये नजारा।
उनकी तरफ सूँड़ घुमाकर,
चला दिया उसने फव्वारा।

मजा आ गया बच्चों को,
उस पानी में खूब नहाए।
उछल-कूद की हाथी के संग,
खेल सभी उनके मन भाए।

तभी वहाँ आ गया महावत,
उसने हाथी को समझाया।
तब बच्चों को बिठा पीठ पर,
दूर-दूर तक उन्हें घुमाया।

चेतक

वीर महाराणा प्रताप का,
चेतक नाम का घोड़ा था।
घोड़ा नहीं था वह उनका,
जैसे एक सच्चा जोड़ा था।

प्रिय साथी था प्रताप का,
हरदम साथ निभाता था।
हवा से बातें करता था,
जब वह दौड़ लगाता था।

रणभेरी बजने पर चेतक में,
बिजली की गति आ जाती।
और साथ में फुर्ती उसकी,
दुश्मन से भी सदा बचाती।

साथी के लिए जिया सदा,
उसके लिए ही दी थी जान।
इतिहास में वे अमर हो गए,
किया गया उनका गुणगान।

शेर

जंगल का राजा है शेर,
सब जानवर इससे डरते।
जब गुफा से आता बाहर,
पक्षी चींचीं करने लगते।

स्वयं करता है ये शिकार,
इसकी तीखी हैं सब दाढ़।
बूढ़ा यदि हो जाए तो भी,
इसकी बहुत तेज दहाड़।

इसकी बहुत बड़ी है शान,
मस्त चाल से यह चलता।
इसे भय है तो शिकारी का,
मुकाबला फिर भी करता।

होली

जब भी होली आती है,
बच्चे खुश हो जाते हैं।
खूब खेलते रंग-गुलाल,
और मिठाई खाते हैं।

एक-दूसरे से सब लोग,
बड़े प्यार से मिलते हैं।
बच्चे-बड़े सबके ही,
दिल खुशी से खिलते हैं।

माँ गुजिया बनाती हैं,
सभी शौक से खाते हैं।
रंग भरे इस उत्सव को,
हम प्यार से मनाते हैं।

दीवाली

दीवाली का उत्सव आया,
ढेर सारी खुशियाँ लाया।
नए-नए सब कपड़े पहनें,
बच्चों के तो क्या कहने।

रंग-बिरंगे दीप जलाएँ,
और खूब मिठाई खाएँ।
फुलझड़ियाँ और अनार,
खूब जलाएँ बारंबार।

लक्ष्मी जी का पूजन करते,
बड़े प्यार से सबसे मिलते।
ये प्रकाश का है त्योहार,
इससे बढ़ता सबमें प्यार।

रेलगाड़ी

छुक-छुक करती,
सीटी देती चलती रेल।
आगे-आगे इंजन है,
पीछे डिब्बे रेलमपेल।

दूर-दूर तक जाती है,
ये हमारी रेलगाड़ी ।
कैसा भी रास्ता हो,
टेढ़ा हो या पहाड़ी ।

कठिन या सरल रास्ते ,
गाड़ी गति से चलती है।
सभी यात्रियों को लेकर,
मंजिल तक पहुँचती है।

दिशाएँ

सुबह-सवेरा जब होता,
सूरज आता, होती भोर।
सामने खड़े हो जाओ,
मुँह करो सूरज की ओर।

ठीक सामने पूर्व दिशा है,
और तुम्हारे पीछे पश्चिम।
बाएँ को उत्तर है तुम्हारे,
दाएँ को दिखता दक्षिण।

ये हैं मुख्य दिशाएँ चार,
इन्हें सदा रखो तुम याद।
इनमें पूरा जग है समाया ,
इनमें सबकुछ है आबाद।

हनुमान

जय हनुमान बली हैं,
पवनपुत्र हैं कहलाते।
रामचंद्र के भक्त हैं ये,
हरदम उनके गुण गाते।

लंका जाकर सीता का,
पता उन्होंने लगा लिया।
रावण के साथ लड़ाई में,
राम का पूरा साथ दिया।

हनुमान साथ में रखते हैं,
अपनी प्यारी सुंदर गदा।
राम-सीता ही बसते हैं,
उनके दिल में सर्वदा।

गांधीजी

हमें प्रिय हैं गांधीजी,
वे हैं हमारे राष्ट्रपिता।
अपने देश के लिए ही,
पूरे जीवन काम किया।

बापू भी वे कहलाते हैं,
सदा पहनते थे खादी।
चरखा रोज चलाते थे,
हमें दिलाई आजादी।

सत्य और अहिंसा का,
पाठ उन्होंने हमें पढ़ाया ।
बुरा न देखो, बुरा न सुनो,
बुरा न बोलो सिखलाया।

वे थे बड़े स्वाभिमानी,
कभी नहीं सहा दमन।
बापूजी हैं जिंदाबाद,
हम करते हैं उन्हें नमन।

मेरा देश

भारत मेरा प्यारा देश,
मैं हूँ एक भारतीय।
यह सबमें ही न्यारा है,
पूरे जग में अद्वितीय।

उत्तर में रक्षा करता है,
पर्वतराज हिमालय।
दक्षिण में नीचे है सागर,
जहाँ बहुत हैं देवालय।

तरह-तरह की भाषाएँ,
और भिन्न हैं पहनावे।
खाना भी अलग-अलग है,
सब ही बढ़िया कहलावे।

हर जगह का नाच अलग है,
कुचीपुड़ी और कथकली।
कत्थक और भरतनाट्यम,
ओडिसी और मणिपुरी।

हर जगह मधुर गीत हैं
और कर्णप्रिय हैं गाने।
संगीत के लिए प्रसिद्ध,
हैं यहाँ बहुत से घराने।

भिन्न-भिन्न होने पर भी,
रहते हैं हम सब मिलकर।
दुश्मन यदि आ जाए तो,
करें मुकाबला हम डटकर।